Über allgemeine Landesbewaffnung

insbesondere in Beziehung auf Württemberg

M. von Prittwitz

Alpha Editions

This edition published in 2022

ISBN : 9789356789845

Design and Setting By
Alpha Editions
www.alphaedis.com
Email - info@alphaedis.com

Über allgemeine Landesbewaffnung Insbesondere in Beziehung auf Württemberg

By Moritz von Prittwitz

Bei der jetzt in mehreren deutschen Staaten zur Sprache gekommenen Frage, in wie weit das Preußische Militairsystem angemessen in denselben Anwendung finden könne, wird es vielleicht zeitgemäß seyn, mit einigen Worten auf das Wesentliche dieses Systems aufmerksam zu machen, indem darüber noch mancherlei irrige Meinungen herrschen, auch oft unwesentliche Theile desselben für wesentliche angesehen werden.

Man muß darin nemlich zwei ganz von einander verschiedene und ganz unabhängige Grundzüge sondern:

a) die allgemeine und persönliche Militairpflicht für alle Klassen der Unterthanen des preußischen Staats (mit alleiniger Ausnahme der Standesherrn und Mennoniten) der zu Folge Niemand sich durch einen Remplaçant oder Einsteher ersetzen lassen kann, und

b) das Landwehrsystem, nach welchem die Mannschaften, welche bei der Linie ausgedient haben, noch eine Zeitlang zum Landwehr-Dienst in eigenen Landwehrregimentern verpflichtet sind.

Von diesen beiden Einrichtungen ist die erste eine wesentliche, während das Landwehrsystem mehr auf einer bloßen Form beruht, ein Umstand, der sehr häufig verkannt wird.

Es muß hier als bekannt vorausgesetzt werden, und bedarf keiner weiteren Geschichtserzählung, wie in Preußen, in Folge des Tilsiter-Friedens, unter dem Namen, „Krümper“, eine Menge Leute ausexerzirt, in ihre Heimath zurückgeschickt, durch neue ersetzt, und somit ohne Vermehrung des stehenden Heeres, die Bildung der aus diesen Krümpern im Jahre 1813 neu errichteten Reserveregimenter vorbereitet, und als deren Zahl sich noch als unzureichend zeigte, eine Anzahl Landwehrregimenter aus gänzlich rohen und unexerzirten Mannschaften gebildet wurde, die manchmal in's Gefecht kamen, ohne vorher je zur Übung einen scharfen Schuß gethan zu haben. Es genügt, hier zu erwähnen, daß durch die Gesetze vom 17. Juli 1813, –

3. Septbr. 1814 und 21. Novbr. 1815 die Verpflichtung jedes Preußischen Unterthanen ausgesprochen wurde, persönlich und ohne Stellvertretung drei oder 1 Jahr in's stehende Heer einzutreten; dann 2 Jahre als Kriegsreservist oder Beurlaubter jederzeit zum Wiedereintritt bereit zu seyn; demnächst während mehrerer Jahre in der Landwehr zu dienen, die jedoch im Frieden jährlich nur 2 Wochen in größeren Abtheilungen und ausserdem an mehreren Sonntagen des Jahres in kleineren Abtheilungen zusammentritt; endlich im Fall des Kriegs vom 33. bis 39. Jahre in die Landwehr 2ten Aufgebots, und demnächst sogar nöthigenfalls auch im Landsturm zur Vertheidigung des Vaterlandes mitzuwirken. Von dieser Verpflichtung entbindet nur körperliche Untüchtigkeit. Ausserdem finden noch einige Erleichterungen statt, von denen folgende die wichtigsten sind:

Wer sich freiwillig zum Dienst meldet, kann sich selbst die Waffengattung und den Truppentheil wählen. Ausserdem können Freiwillige, durch Dienstleistung während eines Jahres, ihrer Dienstpflicht im stehenden Heere genügen, wenn sie einen bestimmten höhern Bildungsgrad nachweisen (namentlich also Studirende) und sich selbst equipiren und verpflegen.

Da ausserdem eine größere Zahl von dienstfähigen jungen Leuten vorhanden ist, als eingestellt werden können: so finden auf besondere Verwendung der Lokalbehörden, in dringenden Fällen, einzelne Zurückstellungen statt, und unter den übrigen entscheidet das Loos. Die Stellung eines Ersatzmannes ist aber unter keinen Umständen zuläßig.

Um jedoch die wegen Überzahl nicht in der Linie anzustellenden Mannschaften wenigstens einigermaßen auszubilden, bestand eine Zeitlang die Einrichtung, daß dieselben nur 6 Wochen bei den Fahnen blieben und dann zur Landwehr übertraten. Später ist jedoch hierin dadurch eine Abänderung getroffen worden, daß die wirkliche Dienstzeit bei der Infanterie auf 2 bis 1½ Jahr verkürzt wurde, wodurch es nunmehr möglich ist, viel mehr Mannschaften auszubilden. Dem ungeachtet werden von etwa 90,000 Mann dienstfähigen jungen Leuten jährlich nur etwa 35,000 eingestellt und die übrigen sind frei vom Linien- und Landwehrdienst und sollen im Kriege als Rekruten in die Ersatzbataillone eintreten.[1] Hiernach verdient das Preußische Landwehrsystem eigentlich den Namen „Volksbewaffnung“ nur darum, weil die Verpflichtung zum

Kriegsdienst allgemein ist und nicht auf einen anderen übertragen werden kann. Diese Verpflichtung wird aber jetzt schon so gern getragen, namentlich von den jungen Leuten aus den gebildeten Klassen, daß diese meist vorziehen, freiwillig sich einen Truppentheil zu wählen, als den Versuch zu machen, sich durch das Loos vom Militair-Dienst befreit zu sehen.

Das Vorstehende ergiebt, daß in Preußen die Linienregimenter eigentlich nur die Schule sind, durch welche die Militairpflichtigen durchgehen, um demnächst in die Landwehr, als dem eigentlichen Kern der Armee einzutreten, und daß mithin die jetzige preußische Landwehr von der Landwehr des Jahres 1813 ganz verschieden ist.

Als zuerst durch die vorgedachten Gesetze die Dienstzeit im stehenden Heere auf 3 Jahre festgesetzt wurde, fand dies vielen Widerspruch. Eine Menge, namentlich der ältern Militairs, an die frühere lange Dienstzeit gewöhnt, erklärten es für unmöglich, in so kurzer Zeit einen tüchtigen Soldaten auszubilden. Mit Recht wurde ihnen entgegnet, daß die preußischen Reserveregimenter und Landwehren vom Jahre 1813, bei Weitem nicht einmal eine so lange Vorbildung erhalten hatten; ferner daß in allen Kriegen der neuern Zeit die nachgesandten Ersatzmannschaften wohl niemals so lange vorher ausgebildet waren, vielmehr diese Kriege größtentheils mit Soldaten geführt wurden, die, als sie zum erstenmal in's Feuer kamen, in der Regel nur erst nothdürftig ausgebildete Rekruten waren; endlich daß der Friedensdienst niemals einen kriegserfahrenen Soldaten bilde, möge er auch noch so lange dauern. Auch hat seitdem dies Vorurtheil viele von seinen Anhängern verloren; selbst in der russischen und östreichischen Armee fängt man an, davon zurückzukommen; in der Preußischen hat, wie erwähnt, seitdem die Dienstzeit bei der Infanterie bereits eine weitere Ermäßigung erfahren, und in der Württembergischen Armee besteht schon seit längerer Zeit die Einrichtung, daß die Rekruten, die nicht Schützen werden sollen, nachdem sie 6 Monate bei den Fahnen gewesen sind, wieder entlassen und dann nur noch wieder auf kurzen Zeitraum einberufen werden, so daß die wirkliche Dienstzeit derselben, auf 10–12 Monat anzunehmen ist. Indessen wird überall die Nothwendigkeit anerkannt, bei einer solchen kurzen Dienstzeit der Mehrzahl, einen Stamm oder Cadre von länger gedienten Soldaten bei den Fahnen zu behalten, zu denen namentlich auch die Unteroffiziere zu rechnen sind. In der preußischen Armee hat man dies dadurch zu erreichen gesucht, daß diejenigen, welche auf eine weitere Dienstzeit im stehenden Heere freiwillig eine Kapitulation eingehen, eine Zulage erhalten, und ausserdem alle Unterbeamtenstellen im Lande, ebenso die Gensdarmerie- und Grenzaufseherposten nur mit solchen Capitulanten und Unteroffizieren besetzt werden. In den ärmern Provinzen des Preußischen Staats genügt diese Maasregel; ja es giebt Regimenter, wo die Zahl der Kapitulanten hat beschränkt werden müssen, um nicht den Zweck: möglichst viel Mannschaften für die Landwehr auszubilden, zu verfehlen; in anderen Provinzen dagegen ist der Mangel an Kapitulanten sowohl, als an Unteroffizieren sehr fühlbar.

Auch geht die Meinung mancher ausgezeichneten Militairs dahin, (namentlich ist darüber von einem erlauchten General, Fürst W. Radziwill, ein interessantes Memoir bearbeitet und den höchsten Stellen vorgelegt worden): daß die Zahl dieser Stammmannschaften noch überhaupt zu gering sey; daß sie verstärkt werden müsse, und daß dagegen, um die Kosten nicht zu vermehren, die gewöhnliche Dienstzeit in der Linie vermindert werden könne, was noch ausserdem den Vortheil hätte, daß desto mehr Mannschaften für die Landwehr ausgebildet werden würden, und desto weniger vom Militairdienst im Frieden befreit blieben. Es ist nicht zu läugnen, daß in dieser Beziehung das preußische Militairsystem noch einer großen Verbesserung bedarf, da es trotz seiner bedeutenden Kosten, wie wir oben schon gesehen haben, noch so unvollständig die Idee einer allgemeinen Volksbewaffnung realisirt. Es scheint, daß dies am Einfachsten geschehen könnte:

1) Wenn die Bedingungen, unter denen jetzt der Eintritt als 1 jähriger Freiwilliger gestattet ist, bedeutend erweitert würden, um auf diese Weise eine viel größere Zahl der Wohlhabenderen, ohne Kosten für den Staatsschatz auszubilden. Auch ist bereits wirklich in diesem Sinne von den preußischen Provinzialständen ein Antrag gemacht worden.

2) Wenn die Handhabung der Waffen zu einem Gegenstand des Schulunterrichts und der Jugendbildung gemacht würde, wie es bereits in den Militairschulen geschieht, indem dadurch die Möglichkeit gegeben wäre, die Dienstzeit in der Linie bedeutend abzukürzen, ohne die militairische Ausbildung zu beeinträchtigen. Dieser Punkt wird weiter unten noch einmal berührt werden.

In anderen Armeen, namentlich in der Württembergischen, wird der Stamm von Leuten mit längerer Dienstzeit dadurch gebildet, daß der intelligentere Theil der eingezogenen Mannschaften länger (und zwar in Württemberg etwa 1½ Jahre als Schützen) bei den Fahnen bleiben muß, und daß als Remplaçants, Ersatzmänner oder Einsteher für diejenigen, welche ihre Dienstpflicht nicht selbst ableisten wollen, so viel als möglich nur solche Leute angenommen werden, welche bereits früher ihrer Dienstpflicht genügt haben und als Soldaten ausgebildet sind. Und da hier die Unteroffiziere bei Weitem nicht so sehr, wie im Preußischen, durch die Aussicht auf Civilanstellung zum Weiterdienen als Unteroffiziere vermocht werden: so giebt nur die Gelegenheit, als Einsteher von neuem gegen ein kleines Kapital für einen anderen einzutreten, Veranlassung, daß viele Unteroffiziere als Einsteher fortdienen, wodurch allein es möglich wird, eine genügende Zahl von Unteroffizieren mit längerer Dienstzeit zu erhalten. Dieser Umstand wird in Württemberg vorzugsweise als Rechtfertigungsgrund für das Einstehersystem angegeben.

Allein, man sieht sogleich, daß dies nur eine einfache Geldfrage ist: denn wenn man den Capitulanten eine Zulage und andere Vortheile zuwendete, wie in Preußen (da in Württemberg erst nach einer 20 jährigen Dienstzeit eine tägliche Zulage von 4 kr. gewährt wird), warum sollte man denn nicht auch eine genügende Zahl von Unteroffizieren erhalten? und dies würde um so mehr der Fall seyn, wenn nach Beseitigung jedes Remplaçements, auch die Gebildeteren und Reicheren bei den Fahnen eintreten müßten, und dadurch nicht blos eine größere Zahl von zu Unteroffizieren Qualifizirten vorhanden wäre, sondern auch für diese keine solche Veranlassung mehr vorläge, sich dem Dienst zu entziehen, wie jetzt, wo jeder wohlhabende Kaufmannssohn, jeder Sohn eines höheren Beamten, ja jeder wohlhabende Bürgers- und Bauernsohn, es für unanständig hält, persönlich zu dienen, diese Last vielmehr durch den für ihn vielleicht unbedeutenden Aufwand von einigen hundert Gulden los zu werden sich beeilt; ja, wo förmliche Assekuranzen bestehen, um sich gegen das Unglück des Soldatenwerdens, wie gegen eine Landes-Calamität, durch Geldbeiträge zu schützen!

Welchen nachtheiligen Einfluß dieses Einsteher-System auf den Geist der Armee, auf die Stellung derselben, dem ganzen Volke gegenüber, und auf die Achtung, welche jene bei diesem genießt, haben muß, ist einleuchtend und wird namentlich dem in einer Menge kleiner Züge fühlbar, der Gelegenheit hat, im Detail die Dienstverhältnisse in zwei Armeen kennen zu lernen, von denen die eine das Remplaçement gestattet, die andere nicht.

Das preußische Militair ist in dieser Beziehung im entschiedenen Vortheil gegen alle andere Armeen. Während in der preußischen Armee es dem aus den niederen Ständen hervorgegangenen Soldaten ein erhebendes Gefühl ist, in Reihe und Glied dem Reichsten und Vornehmsten gleich zu stehen, und dies ihn nothwendig stolz auf seinen Stand macht; während dort in Folge dessen die Überzeugung von der Nothwendigkeit der allgemeinen Militairverpflichtung so sehr alle Klassen durchdrungen hat, daß jetzt schon die höhern Stände eine Ehre dareinsetzen, Soldat zu seyn, und eine Stelle in der bewaffneten Macht zu bekleiden, und dadurch zugleich den Vortheil zu genießen, den wirklichen Soldaten gegenüber einen militärischen Rang zu haben, und als Landwehroffiziere die Rechte und Annehmlichkeiten des Offizierstandes zu theilen: – nimmt dagegen diejenige Armee, wo Ersatzmänner zuläßig sind, unvermeidlich mehr oder weniger den Charakter einer geworbenen Armee an; alle Gebildeten, alle Wohlhabenden ziehen sich von derselben zurück; es ist keine Ehre, sondern nur eine Last, eine Calamität, Soldat werden zu müssen; der militärische Geist dringt nicht in die Massen der Bevölkerung ein; jeder Spießbürger, der einen Ersatzmann stellen kann, hält sich für besser, als den Soldaten, und hütet sich wohl, sein Muttersöhnchen in einen Stand eintreten zu lassen, den er nur als ein nothwendiges Übel ansieht, oder sucht durch alle Mittel und Verwendungen seinen Sohn dem Militair-Dienst zu entziehen, und wenn dies nicht gelingt, ihm wenigstens bald Urlaub auszuwirken, und allgemein spricht sich bei jeder Veranlassung diese Antipathie oder wenigstens der Gegensatz zwischen Armee und Bürgerstand aus, so daß auch das geachtetste und tapferste Offizierscorps immer mehr oder weniger mit, unter dieser ungünstigen Stellung der Armee zur Nation leiden muß!

Es wäre wahrlich nicht schwer, schon aus den Kammerverhandlungen der meisten deutschen Staaten und namentlich auch den württembergischen Kammerverhandlungen, Belege genug für die vorstehenden Behauptungen aufzufinden, während auf dem letzten preußischen Landtage auch nicht eine Stimme gegen das Militair Budget aufgetreten ist, die Armee vielmehr eine Menge eifriger Vertheidiger auf demselben gefunden hat.

Noch mehr wird und muß aber diese Verschiedenheit bei ausbrechendem Kriege hervortreten; denn während in diesem Fall, bei einer Armee, wo das Remplaçement statt findet, die reicheren und intelligenteren Klassen der Gesellschaft sich nach Möglichkeit dem Dienste zu entziehen suchen, oder, wenn sie dennoch dazu gezwungen werden, dann eine sehr traurige Stelle darin spielen, stellt sich in Preußen bei ausbrechendem Kriege, sogleich der ganze begüterte, einflußreiche und intelligente Theil der Nation an die Spitze der Armee, und es kann deshalb mit Gewißheit vorausgesetzt werden, daß, sollte Preußen noch jemals in den Fall kommen, seine Nationalkraft gegen einen auswärtigen Feind zu entwickeln, dies auf eine noch viel glänzendere Weise als im Jahre 1813 geschehen werde, wo Alles improvisirt werden mußte, während jetzt Alles dazu vorbereitet und vollständig organisirt ist, und während jetzt namentlich die Landwehr aus lauter ausgewachsenen und ausgebildeten Soldaten besteht, so daß sie jetzt unstreitig als der Kern der Armee anzusehen ist. Was man auch auf Rechnung des Rausches der Begeisterung im Jahre 1813 schreiben möge – abgesehen davon, daß diese Begeisterung auch in einem anderen Falle der Art nicht ausbleiben würde, wofür die ungeschwächte Lebhaftigkeit bürgt, mit welcher noch alle Jahre die Erinnerung an die Zeit von 1813–1815 erneut wird: – so ist der militairische Geist bereits jetzt in Preußen so allgemein in die ganze Nation, trotz aller provinciellen Verschiedenheiten, von der Saar bis zum Pregel, von der Ostsee bis zu den Karpathen eingedrungen, daß ein anderes Militairsystem als das jetzige in diesem Staat gar nicht mehr möglich und denkbar ist, und daß sogar Verbesserungen desselben, die wohl möglich und auch in Vorschlag gekommen, ja ohne Zweifel, wie oben bereits angedeutet wurde, sehr wünschenswerth und dringend sind, überall mit der größten Ungunst ausgenommen werden, wie dies namentlich auch wirklich schon jedesmal geschehen ist, wo von einer veränderten Organisation der Landwehr die Rede war.

Und dies führt uns unmittelbar auf den zweiten Punkt, nemlich auf eine Prüfung des Wesentlichen in dem Preußischen Landwehrsystem.

Die Entstehung der preußischen Landwehr ist schon oben kurz angedeutet worden. Es ist aber schon oft zur Sprache gekommen, ob eine andere Organisation derselben, namentlich eine engere Verschmelzung mit der Linie, so daß die Landwehrmänner, die Kriegsaugmentation oder Reserve der Letztern bildeten, nicht angemessener und wohlfeiler wäre. Es ist hier nicht der Ort, die Gründe dafür und dagegen zu entwickeln, um so mehr, da hierbei sehr Vieles auf individuelle Ansichten ankommen möchte: so viel ist aber gewiß, daß die Idee der allgemeinen Volksbewaffnung, wie sie dem preußischen Militairsystem zu Grunde liegt, sehr wohl verwirklicht werden kann, ohne gerade das preußische Landwehrsystem nachzuahmen, welches gewiß noch gar mancher Verbesserungen fähig ist; – und daß es hiernach eine Thorheit wäre, bei einer Armee, deren Einrichtung sich mehr für eine andere Form der Volksbewaffnung eignet, gerade jenes System annehmen zu wollen, in so ferne nur die Hauptgrundsätze festgehalten werden:

a) daß jeder persönlich zum Kriegsdienst verpflichtet ist, ohne einen Ersatzmann stellen zu dürfen;

b) daß so viel junge Leute wie möglich in der Linie zum Waffendienst ausgebildet werden;

c) daß die ausgebildeten und aus der Linie entlassenen Mannschaften in einem schon vorher im Frieden vollständig organisirten Militairverbande bleiben, da der Feind in den meisten Fällen nicht hinreichende Zeit lassen wird, diesen Verband erst bei eintretender Gefahr neu in's Leben zu rufen; und daß

d) ebenso auch diese Kriegsreserve alle Jahre, oder alle 2 Jahre wenigstens, eine kurze Zeit hindurch (14 Tage dürften dazu vollkommen genügen) in jenem förmlichen Militair-Verbande zusammen gestellt und in den Waffen geübt werde.

Der von Mehreren aufgestellten Ansicht, im Falle der Noth werde sich ebenso wie in Preußen 1813 die Landwehr von selbst bilden, und es seien daher keine solche Opfer für dieselbe während des Friedens nothwendig, muß entschieden entgegen getreten werden. Hätte Preußen schon 1813 seine jetzige Landwehr gehabt, dann hätte es nicht mehrere Monate zu seinen Formationen gebraucht; der Feldzug konnte 3 Monate früher am Rhein, statt an der Elbe eröffnet und alle die Schlachten des Jahres 1813 durften nicht geschlagen werden, um nur erst bis an den Rhein vorzudringen. Wer hieran noch zweifeln kann, lese und studiere die Beiträge zur Geschichte des Jahres 1813 von einem höheren Offizier der preußischen Armee! –

Alle Zwecke der Landwehr könnten z. B. in einer Armee, wie die Württembergische, auf folgende einfache Weise ohne wesentliche

Mehrkosten erreicht werden, wenn (wie hier übrigens nur ganz beiläufig und beispielsweise angedeutet wird) –

a) Die erste Dienstzeit für den größten Theil der Mannschaft wie bisher auf 6 Monate beschränkt bliebe, und sie nur später wieder auf kurze Zeit einigemal einberufen würde, um in der Übung zu bleiben;

b) den jungen Leuten aus den wohlhabenderen Ständen gestattet würde, ihrer Dienstpflicht durch eine kürzere Dienstzeit als Freiwillige bei einem von ihnen selbst zu wählenden Truppentheile zu genügen, insofern sie

aa) sich selbst equipirten, besoldeten und verpflegten,

bb) einen gewißen Grad von höherer Schulbildung und

cc) ebenso bereits eine genügende militairische Vorbildung (z. B. durch Privatunterricht im Exercitium) nachwiesen, wofür ihnen dann auch wie in Preußen vorzugsweiße die Aussicht eröffnet werden müßte, zu Unteroffizieren oder Offizieren in der Kriegsreserve oder Landwehr befördert zu werden.

c) Bei den jährlichen oder zweijährlichen Übungen der Kriegsreserve, die Linientruppen die Cadres bildeten, so daß z. B. aus je 2 Compagnien oder jeder Compagnie der Linie ein Kriegs-Bataillon gebildet oder die Kopfzahl der Compagnien auf dem Friedensfuß, für den Kriegs- oder Übungsfuß verdoppelt würde.

d) Endlich die erforderliche Zahl der Offiziere für die Übungszeit durch Beiziehung der Offiziere der Kriegsreserve oder Landwehr vervollständigt würde, die dann auf ganz gleichem Fuß mit den Linienoffizieren und mit diesen untermischt, den Dienst thun müßten (wie dies in Preußen allgemein mit dem besten Erfolg bei den Landwehrübungen statt findet).

Auf diese Weise würden die Wohlhabendern, die sich jetzt durch Stellung eines Einstehers loskaufen, durch den unentgeldlichen Dienst als Freiwillige dasselbe pekuniäre Opfer, nur unter einer andern Form bringen, und dabei nicht dem Militairdienst entzogen werden; und bei möglichster Begünstigung der Freiwilligen auf kürzere Dienstzeit ist es wohl denkbar, daß auf diese Weise die Zahl derselben sich so mehrte, um so viele Ersparnisse dadurch zu erlangen, daß daraus, unter Beseitigung des ganzen Einsteherwesens, eine genügende Zahl von altgedienten Unteroffizieren durch Gewährung hinreichender Zulagen gewonnen werden könnte, indem denselben zugleich noch besondere Aussichten auf Beförderungen im Civil, und in der Kriegsreserve oder Landwehr eröffnet werden müßten.

Diese Unteroffiziere würden wahrscheinlich besser seyn, als die jetzigen Einsteher, die darin nichts weiter als einen Erwerbs-Zweig sehen, und nicht einmal durch die Aussicht auf künftige Beförderung und Anstellung, wie in Preußen, einen Sporn finden, sich ihres Standes besonders würdig zu zeigen, eben so wie auch selbst in Preußen die gewöhnlichen Capitulanten, welche nicht zu Unteroffizieren qualificirt sind, keineswegs als derjenige Theil der Armee angesehen werden können, in denen der beste militairische Geist herrscht. Was die Anstellung der länger (nemlich 12 Jahr) gedient habenden Unteroffiziere in Civilstellen betrifft: so sind in Preußen alle Civilbehörden gern geneigt, die Unterbeamtenstellen mit solchen Unteroffizieren zu besetzen, weil diese Leute meist an eine viel strengere Ordnung gewöhnt sind, als junge Leute, die, wie in Württemberg, ihre Carriere blos „als Schreiber" machen.

Was die Möglichkeit anbelangt, bei so kurzer Dienstzeit die Mannschaften genügend auszubilden: so ist schon oben auf die geringe Vorbildung hingewiesen worden, mit der bisher fast in allen größeren Kriegen, die nachrückenden Ersatzmannschaften zu der Armee gestoßen sind, wie nicht minder auch das Beispiel der Römer hierbei geltend gemacht werden kann, bei denen die Handhabung der Waffen ohnstreitig viel schwieriger war, als bei uns, ohne daß man etwas von Ausexerzieren und Exerzierzeit bei den alten Schriftstellern fände, ohnstreitig deswegen, weil die Handhabung der Waffen schon einen integrirenden Theil der Volkserziehung bildete, – eine Einrichtung, die gewiß auch in unsern europäischen Staaten zum großen Vortheil der Budgets der Kriegsministerien sich realisiren ließe, und noch realisiren wird, namentlich wenn, wie vorhin angedeutet wurde, diejenigen Freiwilligen, welche vollständig ausexerziert einträten, gewisse Vorzüge genößen. Denn sollte es eine so sehr abentheuerliche Maasregel seyn, bei den öffentlichen Schulen, neben oder statt der Turnanstalten, Exerzierschulen unter der Leitung alter gedienter Unteroffiziere und Offiziere einzurichten, und so die männliche Jugend schon so zeitig zum Waffendienst anzulernen, daß der Dienst in der Linie und die Übungen bei der Kriegsreserve nur als Vervollständigung oder als Wiederholung dienten, um sie in der Übung zu erhalten und in größere Massen zusammenzustellen?

Bereits in einem Entwurfe vom Jahre 1808 spricht General von Scharnhorst folgende Ansichten hierüber aus (vrgl. Beiheft zum Militair Wochenblatt pro Januar bis Oktober 1846.)

„Die bisherigen (militair.) Erziehungs-Institute werden immer nicht diesen Endzweck erfüllen: sie sind nur für einen Theil der Zöglinge der stehenden Armee bestimmt, und ohnehin, wie sie jetzt sind, sehr schlecht.

„Aus diesen Gründen glaubt die Organisations-Kommission, daß es von Nutzen sein möchte, wenn die Stadtschulen zugleich eine militairische Richtung erhielten, und gewissermassen eine Vorbereitungsschule für den Unteroffizier und Offizier (insbesondere der Miliz) würden, ohne daß sie deswegen in ihrer jetzigen Bestimmung verlören.

1) daß in ihnen mehr reine Mathematik als bisher gelehrt würde;

2) daß in jeder Schule eine völlig militairische Disciplin eingeführt würde, und daß in den höheren Klassen der Geist dieser Disciplin und der militairischen Gesetze erklärt würden.

3) daß jede Schule ihren Exerziermeister hätte und in den Erholungsstunden sich in dem Gebrauch der Waffen übte; daß jede Schule sich in Compagnien formirte, ihre Capitaine u. s. w. wählte und unter ihren Offizieren die Grundsätze der Kriegsdisciplin im Kleinen ausüben lernte;

4) daß jede Schule zur Erholung der Schüler, gewisse Leibesübungen hätte, welche auf den Krieg und die Abhärtung des Körpers Bezug haben, als Fechten, Schwimmen, Voltigiren u. s. w."

Der Minister von Stein hatte hierzu folgende Randbemerkungen gemacht:

„Man wird in allen Stadtschulen Anstalt treffen können, um Kenntniß des Gebrauchs der Waffen und der Bewegung größerer Menschenmassen zu bewirken. Auch wird man mehr Gewohnheit zur Reinlichkeit, Ordnung und zum Gehorsam veranlassen können. Wegen Einführung gymnastischer Übungen in den Schulen ist Vieles in Schnepfenthal geschehen und könnten sie allgemein gemacht werden."

Wenn man sieht, wie leicht in Cadetten- und Waisenhäusern die Knaben die Elemente des Exercitiums und des Militair-Dienstes lernen; so kann an der leichten Ausführbarkeit einer solchen Maasregel nicht gezweifelt werden. Auch ist die Ausführung dieser Idee in den Turnanstalten vorbereitet, und in Stuttgart bestand bereits ein Verein von Vätern, die ihre Buben in den Freistunden zum Zeitvertreib und als Spiel, zugleich aber als körperliche Übung und Erziehungsmittel in dem militairischen Exercitium unterrichten ließen, eine Maasregel, die der allgemeinsten Beachtung werth ist. Auch erheben sich immer mehr Stimmen dafür, solche Übungen als wesentlichen Bestandtheil in den Kreis der Jugendbildung aufzunehmen, so daß die Realisirung dieser Idee mit der Zeit bestimmt zu erwarten ist. (Vrgl. z. B. Mönnich das Turnen und die Turnkunst; ferner einen Aufsatz in der deutschen Vierteljahrsschrift 1843. IV.)

Wenn es hiernach erwiesen sein dürfte, daß sich die Idee der allgemeinen Volksbewaffnung und der persönlichen Militairpflicht, auch in den übrigen deutschen Staaten außer Preußen, dem Wesen nach und wahrscheinlich ohne erhebliche Erhöhung des Militair-Budgets durchführen lasse; daß dadurch der militairische Geist in diesen Staaten, so wie die Stellung der Armeen merklich gewinnen müßte; daß hiernach jede Regierung, die es mit ihrer Armee gut meint, und jeder Militair in diesen Staaten wünschen muß, daß diese Einrichtung in's Leben trete: so ist endlich nicht zu verkennen, daß die politischen Gründe, welche in den kleinern deutschen Staaten für die Einführung einer solchen allgemeinen Landesbewaffnung sprechen, noch viel erheblicher sind, ja diese Einrichtung dringend und unabweislich fordern, wenn diese Staaten ihren Anspruch auf Unabhängigkeit und Selbstständigkeit behaupten wollen, und daß namentlich der kriegserfahrene und erlauchte Feldherr auf Württembergs Throne kein schöneres Blatt in seinen Lorbeerkranz flechten könnte, als wenn er sich als Vorbild an die Spitze einer für die Vertheidigung von Süddeutschland so wichtigen Maasregel stellte.

Zweimal bereits (und es liegt der Erwähnung dieses geschichtlichen Faktums gewiß keine gehäßige Absicht zu Grunde) sind fast alle deutschen Staaten zweiten Ranges, Baiern nicht ausgenommen, in der Nothwendigkeit gewesen, der Übermacht des eingedrungenen mächtigern Feindes sich anzuschließen, und nur zu ihrem eigenen Nachtheil versäumten einige, den günstigsten Zeitpunkt dazu zu wählen. Diese Abhängigkeit von den Ereignissen, diese politische Ohnmacht, der sie unterlagen, ist kein Vorwurf für sie, sondern eine nothwendige Folge ihrer Lage und ihrer Größe. Am übelsten von allen in Bezug hierauf befinden sich aber die südwestlichen deutschen Staaten des 8ten Armeekorps, die dem ersten Stoß des feindlichen Nachbars ausgesetzt sind, der ihn noch dazu um so sicherer gerade gegen sie führen wird, je mehr er darauf rechnen kann, hier den geringsten Widerstand zu finden.

Nur zwei Mittel giebt es, diese Staaten mehr oder weniger dagegen zu schützen: die Anlage angemessener Befestigungen im südlichen Deutschland, und die ausgedehnteste Entwickelung ihrer militairischen Nationalkraft!

Es leuchtet ein, daß so lange noch ein badisches Bataillon in Rastatt, ein Württembergisches in Ulm den Kampf gegen den Feind fortsetzt, die Regierungen dieser Länder noch faktisch bestehen, wäre auch das ganze übrige Land vom Feinde überschwemmt, und dies ist ein sehr wichtiger Umstand, da 2–3 Monate in dieser Beziehung sehr viel ausmachen. Wenn daher auch die Anlage der gedachten Bundesfestungen diesen Ländern, und namentlich die Befestigung von Ulm dem Lande Württemberg im Kriege manchen Nachtheil zu bringen scheint: so trägt sie doch wesentlich zur Sicherung der Selbstständigkeit dieser Staaten bei, und es ist nicht unbillig, vorauszusetzen, daß die Staaten des 8. Armeekorps außerdem noch für die Befestigung des oberen Schwarzwaldes verhältnismäßig aus eigenen Mitteln so viel thun könnten, als Preußen für die Sicherung des Unter-Rheins durch Festungen gethan hat.

Aber es ist auch nicht zu verkennen, daß diese Staaten der an sie in ihrem eigenen Interesse zu machenden Anforderung, ihre Militairmacht aufs Äußerste zu entwickeln, bisher nur sehr unvollständig entsprochen haben. Während das 8te deutsche Armeecorps die Avantgarde des südlichen Deutschlands bildet; während es daher vorzugsweise gegen den ersten Stoß von Westen gerüstet sein müßte (da Preußen und Österreich viel eher einen ersten Echec aushalten können) finden wir hier in den Ständeversammlungen mit wenigen Ausnahmen, eine entschiedene Tendenz, die Last des Militairbudgets von sich zu wälzen, und der Reichere dankt Gott, wenn er sich von der persönlichen Verpflichtung zur Landesvertheidigung durch das Opfer von ein paar hundert Gulden loskaufen, und die Erfüllung dieser heiligen Pflicht einem armen Teufel von Einsteher aufbürden kann! Und dabei nehmen in diesen Staaten, wie es namentlich in Baden, bei Gelegenheit der

Verhandlungen über die Befestigung von Rastatt geschehen ist, Staatsmänner, Publicisten und Privaten keinen Anstand, den deutschen Großmächten und vorzugsweise Preußen, den Vorwurf zu machen, daß dieses sie im Kriege im Stich lassen wolle und werde. Wie? Preußen[2] verwendet auf seinen Militair-Etat verhältnismäßig doppelt so viel und stellt ohne die Landwehr 2ten Aufgebots 1½ mal so viel, und mit ihr 2 mal so viel Truppen in's Feld als Ihr; Preußen erbaute und unterhält 27 Festungen; Preußen giebt einen Beitrag von 5 Millionen Gulden zum Bau der Bundesfestung Ulm; in Preußen sind die edelsten Söhne und die Blüthe der ganzen Nation bereit, sich beim ersten Kriegsruf an die Spitze der Landwehren zu stellen, um ihren bedrohten deutschen Brüdern zu Hilfe zu eilen: und Ihr wollt ihm den Vorwurf machen, Euch im Stich zu lassen, während Ihr selbst in träger Ruhe die Kreuzer berechnet, die es Euch kosten würde, wenn Ihr dieselben Anstrengungen machen solltet, die Euch wahrlich bei Eurer politischen Lage mehr noth thun, als Preußen und Österreich; während ihr engherzig, ja spießbürgerlich den Geldausfall herauscalculirt, den ein feindlicher Einfall Euch mehr oder weniger kosten würde, als ein höheres Militairbudget, ohne dabei irgend auf die politischen und moralischen Wirkungen eines solchen Einfalls Rücksicht zu nehmen; und während Ihr unumwunden in Euren Kammern erklärt, absichtlich nicht mehr zu thun, damit die größern deutschen Staaten nicht veranlaßt werden, Euch auf Eure eigenen Hilfsmittel zu verweisen, und Euch weniger zu unterstützen!! –

Und sind die Bedenken, die Ihr zur Beschönigung Eurer Trägheit und Knauserei in dieser Beziehung vorbringt, in Preußen in Erfüllung gegangen? Ist Preußen verarmt? Hat es keine Bauern und Bürger, die das Feld bauen und das Gewerbe treiben? Hat es keine Männer der Kunst und der Wissenschaft? Hat es bei den Ereignissen des Jahres 1831. weniger Liebe für sein Herrscherhaus bewiesen? Hat seine ganz nationale Armee etwa gefährliche liberale oder republikanische Ideen an den Tag gelegt, die der Monarchie nachtheilig werden könnten? – Ha! wahrlich, es kann sich in allen diesen Dingen, trotz seines hohen Militairbudgets und trotz seines Landwehrsystems dreist mit Euch messen!

Darum also, Ihr Regierungen, Ständeversammlungen und Stammgenossen des südwestlichen Deutschlands: wenn Ihr nicht beim ersten Anlauf des mächtigen Nachbars über den Haufen gerannt werden wollet; wenn Ihr den Stand des Kriegers wirklich zu ehren und erheben beabsichtigt; wenn Ihr würdig seyn wollt, eine wirkliche Macht zu werden, ebenso wie es Preußen gegenüber den 4 andern europäischen Großmächten durch möglichste Entwickelung seiner kriegerischen Nationalkraft zu thun genöthigt ist; wenn Preußens, aus allen Klassen der Gesellschaft hervorgegangene Krieger nicht mit Selbstgefühl auf Eure erkauften Einsteher blicken, vielmehr Eure Reihen, als ganz ebenbürtig begrüßen sollen, was sie mit der lautersten, herzlichsten und uneigennützigsten Gesinnung thun werden: so zeigt, daß Ihr vom Höchsten bis zum Niedrigsten bereit seid, den Waffenrock zu tragen, und Gut und Blut für den deutschen Namen daran zu setzen; duldet nicht, daß bei ausbrechendem Kampfe blos den Proletariern die Vertheidigung des Vaterlandes überlassen bleibe; ruft vielmehr Eure ganze kriegerische Nationalkraft auf; werft statt der 30,000 Mann des 8ten Armeekorps, bei dem Feuerschein des ersten Kriegsfanals am Rhein, 90,000 Mann wohlbewaffnet, und wohlgeübt dem Feinde in den Schluchten des Schwarzwaldes entgegen; seid überzeugt, daß Preußens Heer diesen Entschluß mit lautem Jubel begrüßen, ein neues kräftiges Band zwischen sich und Euch darin finden, und bereitwilligst in den Tagen der Gefahr wie Brüder an Eure Seite eilen werde; – zögert nicht damit, bis der Friedensschlaf Euch wieder ganz übermannt hat: es handelt sich um Eure Ehre, Eure Selbstständigkeit, ja um Eure politische Existenz in den Tagen der Gefahr!

Was auch Wahres und Falsches, Richtiges und Unrichtiges in den vorliegenden Bogen enthalten sein möge, der Verfasser wollte blos darthun, daß es im Interesse der südwestlichen deutschen Staaten liege

a) die Militairpflicht zu einer persönlichen, nicht mit Gelde abzukaufenden, zu machen;

b) Möglichst viel junge Leute zum Waffendienst auszubilden.

c) Die so geschaffene Volksbewaffnung schon im Frieden vollständig zu organisiren und in Übung zu erhalten.

Hat der Verfasser diesen Zweck erreicht, so giebt er alle Details des vorstehenden Aufsatzes bereitwilligst preis, und überläßt die Maasregeln zur Ausführung sehr gern besser Unterrichteten und mit den Landes-Verhältnissen Vertrauteren; fügt indessen im Nachstehenden die Grundzüge eines nach seiner Ansicht anzuordnenden Systems allgemeiner Volksbewaffnung bei:

Jeder waffenfähige Mann ist dienstpflichtig vom 19. Jahre an. Eine Stellvertretung ist unzuläßig.

Die Übung im Waffendienst macht einen Bestandtheil der Volksschulbildung aus.

Jeder, der sich selbst ausrüstet und bereits in den Waffen geübt ist, kann sich den Truppentheil wählen, dient 1 Jahr im stehenden Heere und zwar ½ Jahr im angestrengten Dienst ohne Unterschied und sonstige Begünstigung gegen die übrige Mannschaft.

Wer sich nicht selbst ausrüstet, dient wenigstens ebenso lange, darf sich den Truppentheil nicht beliebig wählen und wird aus der Linie nach 2 Jahren entlassen, wenn der Etat nicht früher durch andern Zuwachs gedeckt ist.

Die längste Dienstzeit im Frieden beträgt hiernach in der Linie 2 Jahre. Bis zum 25. Jahr bleibt jeder für den Fall eines Kriegs zum Dienst in der Linie verpflichtet, und muß bis dahin auch noch jährlich 14 Tage an deren Übungen Theil nehmen.

Bei jedem Truppentheil wird ein Cadre von Leuten mit längerer Dienstzeit und freiwilliger Capitulation gebildet.

Vom 25ten bis zum 32ten Jahre tritt die Dienstpflicht in der Landwehr ein.

Im Frieden darf jeder Landwehrmann nur alle 2 Jahre 14 Tage zu den Waffenübungen herangezogen werden.

Die Landwehr ist auch zum Dienst außerhalb des Landes verpflichtet.

Vom 32. bis 50. Jahr tritt die Dienstpflicht in der Bürgerwehr ein.

Die Landwehrmänner können, wenn sie es wollen, in der Linie fort dienen, und die Bürgerwehrmänner ebenso in der Landwehr. Namentlich findet dieß Anwendung auf die Unteroffiziere und Offiziere.

Zu Unteroffizieren und Offizieren können nur solche befördert werden, die den an sie gestellten wissenschaftlichen und moralischen Anforderungen vor einer ernannten Prüfungs-Commission genügen.

Die Unteroffiziere werden vom Regiments-Commandanten, die Offiziere vom Landesherrn ernannt.

Jedoch muß bei den Erstern das Corps der Unteroffiziere bei Letztern das Corps der Offiziere nichts gegen sie einzuwenden haben, und deren Erklärung abgefordert werden.

Diese Corps wählen unter den Bewerbern von gleichen Ansprüchen.

Die Beförderung zu den weitern Offiziersgraden in der Linie und Landwehr erfolgt abwechselnd: einmal nach dem Dienstalter, einmal durch Wahl der Offiziers-Corps, einmal durch Ernennung Seitens des Landesherrn unter den Ältesten der vorhergehenden Dienstcharge.

Fußnoten:

[1] Vrgl. ausführlicher hierüber die neueste Denkschrift des General v. Müffling: „Die Vermehrung der Wehrhaftigkeit des Volks betreffend.“

[2]

	Einwohnerzahl.	**Militairmacht.**		**Militairbudget.**	
Preußen	14,907,091	176,719	stehendes Heer	23,721,000 Th.	
		154,193	Landwehr *I.*	41,511,750 Th.	
		330,912			
		121,000	Landwehr *II.*		
		451,912			
Württemberg	1,682,338	13,955	Contingent	132,372	Milt. Pensionen
		6,987	Reserve	1,992,378	
		20,942		2,124,750	fl.

9 789356 789845

Printed at Repro India Ltd.